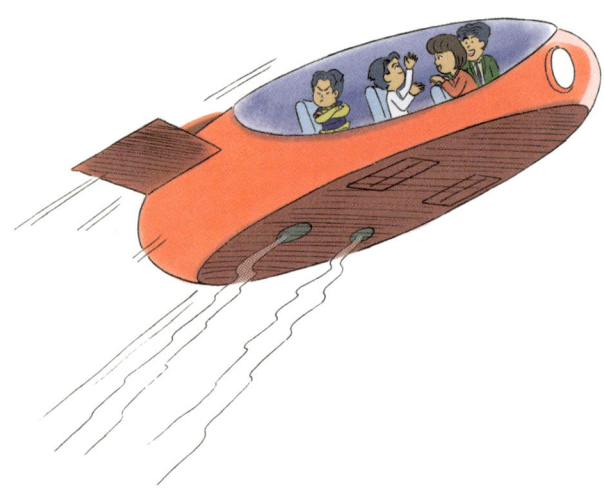

스위치 프로젝트

주미 지음 | 김이조 그림

우리교육

 • 차례

1. 할머니의 수상한 전화　006

2. 스위치 프로젝트　015

3. 할머니와 불안한 동거　025

4. 훈이가 이상해!　032

5. 연극 연습　044

6. 들통난 작전　058

7. 복제인간 훈이 VS 훈이　072

8. 또 하나의 가족　085

작가의 말
나였으면 어떻게 했을까?　116

1. 할머니의 수상한 전화

띠링.

공중에 홀로그램 문자가 떴다. 훈이 반 조별 모임 단체 문자였다.

규주 : 어이, 김훈이! 대면 수업하는 다음 주 금요일까지, 복제 인간의 존엄성에 대해 네 의견 정리해서 보내! 알겠냐?

진하 : 그때까지 안 보내면 죽는다.

미소 : 얘들아, 말이 좀 심하잖아. ㅠㅠ

진하 : 말이 심하긴, 훈이 쟤 때문에 숙제 제출도 늦어지고 있는데…….

규주 : 만약에 우리 조 꼴찌하면 훈이 너 때문이다. 각오해라.

"하."

훈이는 머리를 쥐어뜯으며 눈을 질끈 감았다.

"복제인간이 무슨 존엄성이 있다고 난리인 거야. 이해가 안 되네."

- 말씀하신 음성 메시지를 전달할까요?

인공지능 비서 헬치가 엉뚱한 말을 했다.

"어?"

- 전달 완료하였습니다.

"아, 진짜. 음성 인식 정말 안 되네. 내가 언제 '어.'라고 대답했어? '어?'라고 놀랐지."

그렇다. 헬치는 평소 실수가 많았다. 오늘도 훈이의 혼잣말을 전달 메시지로 인식하고 친구들 단체 톡에 '복제인간이 무슨 존엄성이 있다고 난리인 거야. 이해가 안 되네.'라고 보내 버린 것이다.

단체 톡은 난리가 났다.

규주 : 지금 한 줄 보낸 거야?

진하 : 장난하나?

1. 할머니의 수상한 전화

미소 : 다음 주 금요일까지니까, 양 조금 더 늘려서 보내 줘~~.

훈이는 미소의 톡을 보고 자기 머리를 툭툭 쳤다.
"으이그, 이 바보 같은 녀석. 미소가 나를 퍽이나 좋아하겠다. 난 왜 늘 이 모양일까."
- 말씀하신 음성 메시지를 전달할까요?
헬치가 또 말했다.
"아니라고! 혼잣말 한 거라고! 그거 하나 인지 못 해?"
훈이는 버럭 화를 내고 소리쳤다.
"헬치! 홀로그램 문자 창 전원 꺼!"
- 네. 알겠습니다.
띠리릭.
홀로그램 창이 꺼지고 훈이는 깊은 한숨을 내쉬었다.
"공부는 너무 싫어."
훈이가 책상을 탁 내리쳤다.
띠리릭.
현관문 열리는 소리가 들렸다.
"훈이야."

훈이 아빠, 엄마가 모임에서 일을 끝내고 도착했다.

훈이는 기분이 나쁜 탓에 입을 꾹 다물고 있었다.

"엄마, 아빠 왔는데 나와서 인사해야지."

훈이는 몸을 웅크리고 못 들은 척했다.

"훈이야! 너 정말."

엄마가 문을 벌컥 열고 들어왔다.

"아무리 그래도 인사는 해야 할 거 아니야?"

뒤이어 들어온 아빠가 엄마를 말렸다.

"너무 그러지 말아요."

"얘 하는 걸 봐요. 숙제도 제대로 안 해. 공부도 안 해. 그럼 인사라도 잘해야 할 거 아니에요?"

엄마는 훈이에게 눈을 흘기고 소리쳤다.

"너 오늘 숙제는 다 했니?"

"아니."

"오늘 하루 종일 뭐 했어?"

훈이는 고개를 숙이고 아무 말도 하지 않았다.

"너 또 해킹인지 뭔지 하면서 돌아다니는 거 아니지?"

"아, 아니야."

몇 개월 전, 훈이는 학교 사이트를 해킹하다가 엄마에게 걸렸다. 엄마는 훈이를 호되게 혼냈다.

"너는 도대체 하라는 공부는 안 하고 왜 이상한 짓을 하고 있어?"

훈이는 엄마 앞에서 다시는 해킹을 하지 않겠다고 다짐했지만 그건 거짓말이었다. 세상에서 해킹만큼 재미있는 건 없었으니까. 그래서 어제도 한 회사의 보안을 뚫었다.

하지만 엄마의 잔소리를 피하기 위해선 또 거짓말을 할 수밖에 없었다.

"이제 그런 짓 안 한다니까."

"믿어도 되지?"

"응."

훈이는 최대한 불쌍한 척 양 눈썹을 내리고 대답했다.

"빨리 씻고 자."

엄마는 한층 누그러진 목소리로 훈이에게 말했다.

훈이는 그대로 화장실로 직행했다.

탁.

문을 걸어 잠그고 거울을 보며 회심의 미소를 지었다.

"크크. 나 연기에도 소질이 있나?"

머리에 물만 묻히고 나와 씻은 척을 했다.

아빠, 엄마는 거실에서 홀로비전을 시청하고 있었다. 갑자기 홀로비전이 깜빡거리더니 모니터에 할머니가 나타났다.

"저녁은 잘 챙겨 먹었냐?"

"네, 어머님. 잘 지내시죠?"

"아니, 못 지낸다."

"어머님, 무슨 일 있으세요?"

"그래, 무슨 일이 있다."

엄마가 놀라 벌떡 일어났다.

"무슨 일이신데요?"

"내 친구들이 생일 때, 손자, 손녀를 복제한 복제인간을 선물로 받았다고 얼마나 자랑을 하는지 아니?"

긴장이 풀린 엄마가 다시 자리에 앉았다.

"어머니, 사실은 저희도 준비하고 있었어요. 깜짝 놀라게 해드리려고 말씀을 안 드린 거예요. 근데 배송사 실수로 배송이 좀 늦어진다네요. 삼 일 후에 훈이

복제인간이 어머님 집에 배송될 거예요."

 모니터에서 할머니가 사라진 후, 내가 엄마에게 다가갔다.

"내 복제인간을 할머니한테 보낸다고? 지난번에 인공지능 로봇 사 줬잖아."

"사람이랑 로봇이랑 같겠니? 로봇은 손만 잡아도 차가운데 복제인간은 따뜻한 온기가 있잖아."

"에이. 뭔가 찝찝해. 나한테 허락도 안 맡고! 엄마, 아빠 미워."

 훈이는 방으로 들어와 캡슐 침대의 뚜껑을 열고 그 안에 누웠다.

2. 스위치 프로젝트

"가만, 나랑 똑같은 아이가 할머니 집에 배송된다고?"

훈이에게 있어, 매일 여섯 시간씩 들어야 하는 홀로그램 강의는 최악이었다. 머리에 붙이는 콘센트레이션 칩 때문에 집중하지 않을 때마다 홀로그램 모니터에 날카로운 기계음과 함께 훈이의 이름이 적혔다. 이름이 열 번 축적되면 훈이는 그 지겨운 콘센트레이션 집중 케어를 주말 내내 받아야 한다. 게다가 숙제를 잘 하지 않아 편잔을 주는 친구들도 싫었다. 일주일에 한 번씩만 나가 대면 수업을 해서 다행이지, 매일 같이 친구들을 만났다면 정말 괴로웠을 것이다.

훈이는 책상에 쌓인 과제를 보며 생각했다.

'나랑 똑같은 녀석을 이용해서 한 달만 마음대로 한다면 얼마나 좋을까?'

　훈이는 씩 웃으며 밤을 꼴딱 새웠다.
　다음 날, 훈이는 홀로그램 강의를 듣고 거실로 나왔다. 아빠, 엄마는 늘 밤늦게 들어와서 훈이 혼자뿐이었다. 홀로비전 모니터를 켜고 이제까지 연락을 주고받았던 목록을 찾아봤다.

"음. 이곳이겠지?"

훈이는 '복제인간 센터 COPY'에 메시지를 보내려고 시도했다.

─ 삐삐

이상한 신호음과 함께 인공지능 음성이 울려퍼졌다.

─ 미성년자의 접근이 제한됩니다.

"하! 나를 뭘로 보고."

훈이는 평소 꾸준히 길러온 해킹 실력으로 단박에 '복제인간 센터 COPY'의 보완을 뚫었다.

"역시 나는 해킹의 천재라니까."

훈이는 회사 사이트로 몰래 접속해서 주소지란에 이렇게 썼다.

'이틀 후 배송될 복제인간 주소지를 변경합니다. 기존 라운드 월드 마크 5호에서 센트럴 시티 뉴 113-6호로 변경 부탁드립니다.'

훈이는 복제인간이 도착할 주소를 할머니 집에서 훈이네 집으로 변경했다.

"캬, 진짜 기대되네. 어떤 녀석이 우리 집에 올까? 나랑 완전히 똑같으면 좀 소름 돋을 것 같은데…….”

훈이는 기대 반 걱정 반으로 시간을 보냈다.

며칠 후, 헬치가 말했다.

– 현관문 밖에 택배가 배송되었습니다. 택배를 확인해 보세요.

후다닥.

훈이는 현관문 밖으로 나갔다.

커다란 상자가 놓여 있었다. 훈이는 낑낑거리며 상자를 들어 현관 복도 레일에 꽂았다.

드르륵.

상자가 집 안까지 레일을 타고 들어왔다.

"어디 한 번 볼까?"

훈이는 두방망이질 치는 심장을 뒤로하고 상자의 포장을 뜯었다.

복제인간은 투명한 상자 안에서 곤히 자고 있었다. 훈이는 상자 뚜껑 위에 있는 버튼을 눌렀다.

– 상자 뚜껑이 열리면 배송된 제품의 등을 세 번 이상 세게 두드려 주세요. 수면 중인 제품이 깨어납니다.

상자는 기계음을 내며 자동으로 열렸다.

"와, 대박이다."

덥수룩한 머리카락, 긴 속눈썹, 오뚝한 콧날. 녀석은 정말이지 훈이와 똑 닮았다. 이럴 수가. 보고도 믿기지 않았다.

2. 스위치 프로젝트 19

지금은 오후 다섯 시. 아빠, 엄마가 집에 도착하는 시간은 밤 열 시. 무려 다섯 시간 동안 훈이는 스위치 프로젝트를 진행할 수 있다.

설명서를 꺼내 읽었다.

> 〈복제인간 설명서〉
> 1. 복제인간을 깨우려면 등을 세게 세 번 두드려야 합니다.
> 2. 처음 깨어나면 불안정한 상태로 안정화 시간이 필요할 수 있으나 수 분 후면 정상적으로 행동하니 걱정하지 마십시오.
> 3. 복제인간을 인격적으로 대해 주십시오. 복제인간 또한 소중한 생명입니다.

"하! 인격적으로 대해 주라고? 가짜 인간에게?"

훈이는 투덜대다 낑낑대며 녀석을 자기 침대로 옮겼다.

"이 녀석을 깨우려면 등을 세게 세 번 두드려야 한다던데. 그건 전혀 걱정할 것 없겠네. 매일 늦잠 자는 나를 위해 엄마가 내 등을 세 번 아니 열 번은 후려치니까."

훈이는 장난기가 발동했다. 매직펜으로 녀석의 엉덩이에 그림을 그렸다. 그때, 녀석이 코를 골았다. 곤히 잠에 빠진 자신의 모습과 같아서 뭔가 섬뜩했다. 훈이는 뒷걸음질로 방을 나왔다. 물에 녹는 친환경 소재로 만든 택배 상자를 화장실 변기에 넣고 물을 내렸다. 그리고 서둘러 엄마의 자율 비행차 키를 찾았다. 키를 주머니에 넣고 초고속 엘리베이터를 타고 옥상으로 올라왔다. 오늘은 부모님이 아빠 자율 비행차를 함께 타고 가는 바람에 엄마의 자율 비행차가 남아 있었다.

엄마의 검정 자율 비행차 좌석에 앉았다. 시동을 걸려고 했지만 잠금장치가 걸려 있었다.

"하핫, 이것쯤이야, 껌이지."

훈이는 해킹해서 시동을 걸었다.

"할머니 집."

훈이는 평소에 엄마가 하던 대로 모니터에 대고 소리쳤다.

2. 스위치 프로젝트

복제인간이 외로움을 덜어드립니다.

부웅.

자율 비행차가 공중으로 떠올라 하늘에 뻗어 있는 도로를 달렸다. 혼자 높은 곳을 향해 날고 있는 자율 비행차를 타고 있으니 식은땀이 흘렀다.

창밖을 보니 건물 옥상에 홀로그램 광고가 번쩍였다.

> 혼자서 외롭죠? 복제인간이 외로움을 덜어드립니다.
> 인구 감소 현상 해결! 고독사 감소!
> 육아, 출산의 고통으로부터 해방!
> 이 모든 걸 복제인간이 해결해 줍니다!
> 지금 문의하세요.

"쳇. 복제인간이 무슨 외로움을 덜어 준다고. 진짜도 아닌 가짜인 게."

너무 긴장한 탓일까. 까무룩 잠이 들었다.

3.
할머니와 불안한 동거

- 할머니 집 옥상에 도착했습니다.

자율 비행차의 안내음에 번쩍 눈을 떴다.

"내가 내리면 다시 집으로 가."

훈이는 에스컬레이터를 타고 내려왔다.

"누, 누구야. 도, 도둑?"

할머니는 커다란 방망이를 들고 훈이 앞에 섰다.

"하, 할머니, 저예요. 저, 훈이."

"아, 우리 훈이구나."

할머니는 방망이를 내려두고 훈이의 어깨를 끌어안았다.

"훈아, 배고프지?"

할머니는 훈이를 매일 봐 온 듯이 친근하게 말을 걸었다. 식탁 위에는 된장찌개와 각종 나물이 올라와 있었다.

"읍. 냄새가 이상해."

훈이는 얼굴을 찌푸리며 입을 틀어막았다. 할머니가 고개를 갸웃거렸다. 훈이는 어쩔 수 없이 된장찌개 한 숟가락을 떠서 목에 넘겼다. 시금털털한 맛에 절로 눈이 감겼다.

"자, 이 나물도 한번 먹어 봐라."

"이게 무슨 나물인데요?"

"콩나물이라고 할머니 어릴 때 가끔 먹었던 건데, 아주 귀한 거야."

"아, 싫은데."

"그래도 딱 한 번만 먹어 봐."

훈이는 할머니의 간곡한 부탁에 어쩔 수 없이 나물을 입에 넣었다. 입에 나물을 넣고 우물거렸다. 들쩍지근한 나물의 즙이 온 입안에 가득 퍼졌다.

"퉤. 퉤. 꾸엑."

"왜 그러냐?"

"토할 것 같아요."

할머니는 깜짝 놀란 표정으로 훈이를 바라보았다.

"저 죽을 것 같다니까요. 할머니, 물! 물!"

할머니는 머뭇거리다 어기적거리며 물을 뜨러 갔다.

그날 밤, 훈이는 할머니 옆에 누웠다. 할머니가 훈이의 가슴을 두드리며 자장가를 불러줬다.

"자~알 자~거~라~ 우리 훈이~ 귀~여운 후우니~. 새~근새~근 할미 품에 고요히 아~안겨어~."

도저히 못 들을 것 같아 귀를 틀어막았다.

"훈이 왜 안 자냐? 자장가가 마음에 안 드냐? 가만 보자. 어떤 자장가를 부를까?"

"할머니가 자장가를 안 불러야 잠이 잘 올 거 같아요."

"그러냐?"

할머니가 멋쩍게 웃으며 가슴을 토닥여 주었다.

몇 분 후, 할머니는 훈이의 코에 귀를 대보았다. 훈이는 코를 골며 자는 척했다. 그래야 할머니가 나갈 것 같았으니까.

"하, 이제 자는구나."

할머니는 까치발을 들고 살금살금 거실로 나왔다. 할머니는 홀로폰으로 훈이 엄마에게 전화를 걸었다.

"여보세요?"

"얘야."

"네, 어머님. 복제인간 잘 받으셨죠?"

"잘 못 받은 거 같다."

"네?"

"얘야. 훈이 아니 복제인간이 좀 이상한 것 같다."

훈이는 귀를 쫑긋 세웠다.

"복제인간한테 나와 함께 지낸 것처럼 기억을 넣었다며? 식성도 나랑 맞췄다고 하지 않았냐? 근데 음식에서 이상한 냄새가 난다고 하는 건 뭐냐?"

아뿔싸. 이제 나물만 먹어야 한단 말인가. 훈이는 눈을 질끈 감았다. 그래도 한 달 동안 홀로그램 강의에서는 탈출할 수 있으니 그걸로 됐다고 생각했다.

"오늘 처음 깨어나서 원래의 기억과 새로 주입한 기억 간에 충돌이 일어났을 수도 있어요. 아마 시간이 지날수록 주입된 기억에 맞게 잘 행동하지 않을까요?"

"그래? 그럼 다행이고. 아이고, 오늘 복제인간이 엉뚱한 행동을 해서 정말이지 깜짝 놀랐다."

할머니는 홀로폰을 끄고 다시 방에 들어와 훈이의 머리칼을 쓸었다.

"우리 훈이, 우리 똥강아지. 할미가 얼마나 보고 싶었는지 아니?"

할머니는 밤새 눈물을 훔쳤다.

다음 날 아침, 훈이는 할머니가 만들어 준 나물 반찬을 맛있게 먹는 척했다. 할머니를 따라 산책하러 나가고 할머니와 함께 트로트도 불렀다.

"야~야~야~할머니가 어때서~ 할머니도 사랑할 수 있단다~."

할머니는 훈이 손을 잡고 춤까지 추었다.

그날 밤, 할머니는 나를 재우고 또 엄마에게 연락했다.

"이 복제인간에게 주입된 기억이 이제야 돌아왔나 보다. 어찌나 말을 잘 듣고 예쁘게 행동하는지. 고맙다. 참 우리 진짜 훈이는 잘 있지?"

"요사이 부쩍 자랐어요. 요즘 할머니는 잘 지내시느냐면서 어머님 안부도 자주 묻더라고요. 그리고 갑자기 채소도 잘 먹더라고요. 내일은 다 함께 여행을 가기로

했어요. 이제껏 바빠
여행을 못 갔거든요."
 훈이는 울컥했다.
이제까지 바쁘다고 여행
한 번 못 갔는데, 가짜 아들에
속아 가족 여행을 떠난다니,
정말 황당했다. 진짜 아들을 몰라보고
가짜 아들한테 푹 빠진 엄마가 미웠다. 할머니도
마찬가지다. 진짜 손자를 눈앞에 두고도 못 알아보다니.
훈이는 분해서 주먹을 쥐고
부르르 떨었다.

3. 할머니와 불안한 동거

4. 훈이가 이상해!

복제인간 훈이는 집에 도착한 그날, 침대에 잠이 들어 있었다.

"훈아, 일어나!"

엄마는 복제인간 훈이가 아들 훈이인 줄 알고 등을 세 번 후려쳤다. 그 바람에 복제인간 훈이가 번쩍 눈을 떴다. 그리고 흠칫 놀랐다.

"엄마가 귀신이냐? 뭘 그렇게 놀라?"

"아, 그, 그게."

복제인간 훈이는 자신을 깨운 사람이 할머니가 아니라 엄마라는 것에 순간 놀랐다. 하지만, 종종 구매자 마음이 변하는 경우도 있다고 알고 있었다. 또 어차피 훈이 가족 정보가 모두 갖춰진 상태라 특별한 문제가 없다고 생각해 자연스럽게 생활하기로 마음먹었다.

"어, 엄마."

부드러운 훈이의 목소리에 엄마가 적잖이 당황했다. 평소에 훈이는 자신을 깨우면 짜증을 냈기 때문이다.

"훈아, 학교 가야지."

"네. 알겠어요."

복제인간 훈이는 존댓말을 쓰며 말대꾸 한 번 하지 않고 침대에서 벌떡 일어났다.

"저 세수하고 이 닦고 올게요."

엄마가 눈을 끔뻑거렸다. 단 한 번도 훈이가 먼저 씻겠다고 말한 적이 없었기 때문이다.

"어, 그, 그래. 엄마가 맛있는 소시지 구워 줄게."

"네, 알겠어요."

복제인간 훈이가 화장실로 들어가자마자 엄마가 아빠에게 말했다.

"여보, 여보. 혹시 훈이 뭐 잘못 먹었어요?"

"뭘 잘못 먹어?"

"아니, 그러니까 훈이가 좀 이상해졌다고요. 아니, 이상해진 게 아니라 너무 착해졌다고 해야 하나?"

엄마가 횡설수설하자 아빠가 귀를 후비며 대답했다.

"당신이 하도 잔소리를 해대니까 이상해졌겠지."

"아니, 뭐라고요?"

그때, 복제인간 훈이가 화장실 문을 열고 나왔다.

"엄마, 화장실도 다녀오고 이 닦고 세수도 했어요. 이제 방 청소 좀 할게요."

엄마와 아빠가 동시에 서로의 얼굴을 마주 봤다. 엄마가 입 모양으로 말했다.

"진짜 이상하죠?"

"그러네."

평소 같았으면 침대에서 뒹굴거리거나 게임을 시작했을 훈이. 하지만 복제인간 훈이는 엄마의 말이 떨어지기 전 가만히 서 있을 뿐이었다.

"훈이야, 일단 밥부터 먹자."

"네. 알겠어요."

복제인간 훈이는 바르게 자리에 앉았다.

"네가 좋아하는 소시지 많이 구웠어. 어서 먹어."

복제인간 훈이는 소시지가 아닌 나물에 시선을 두었다.

"아, 이 나물? 이건 아빠, 엄마 먹는 거야. 먹으라고 안 할 테니까 또 짜증 내지 말……."

엄마의 말이 다 끝나기도 전에 복제인간 훈이는 젓가락으로 나물을 집었다.

"전 이게 더 맛있어 보이는데요?"

식성을 할머니의 식성과 맞춘 복제인간 훈이는, 진짜 훈이는 평소에 잘 먹지 않았던 나물을 우물거리며 먹었다.

"정말? 엄마가 무친 나물 맛없다고 막 바닥에 뱉고 했었잖아."

"제가요?"

"아닌가? 하하."

너무 진지하게 반응하는 복제인간 훈이에게 엄마는 더는 묻지 않았다.

"맛있어요."

엄마 음식을 먹으며 환하게 웃는 아들이라니. 엄마는 그저 감사하게 생각하겠다고 마음을 바꿨다. 이상하게 변하면 어떠한가. 이게 훨씬 좋은데.

"할머니는 잘 계시죠?"

"어?"

할머니한테 관심도 없던 아들이 할머니 안부를 묻자 엄마는 당황하면서도 성심껏 대답했다.

"잘 계시지. 한 달 후 생신인데 너도 같이 갈래?"

"당연하죠. 그 전에 한 번 더 가도 좋고요."

"왜?"

"할머니가 좋아요."

"갑자기?"

"전 할머니, 아빠, 엄마 모두 좋아요. 우리 가족이니까요."

매일 틱틱거리던 아들이 이렇게 다정하게 변하다니. 마음이 뭉클해진 엄마의 눈에 눈물이 맺혔다.

엄마는 그날부터 복제인간 훈이에게 이제까지 못 한 이야기들을 하기 시작했다.

"훈아, 엄마랑 같이 쇼핑 갈래?"

"좋아요."

복제인간 훈이는 엄마랑 외출했다. 엄마의 옷을 함께 골라 주고 팝콘을 먹으며 홀로그램 영화를 보았다. 드론 택배를 시켜도 되지만, 직접 마트에 가서 눈으로 보고 고르며 장도 봤다.

"훈아, 엄마가 맛있게 요리해 줄게."

"저도 같이 배우고 싶어요."

"그래? 우리 훈이가 요리를 좋아했었나?"

복제인간 훈이는 엄마와 함께 밀가루 반죽을 했다. 찰흙처럼 말랑말랑한 밀가루를 길게 늘였다, 반죽을 만들다 일부러 뭉그라뜨리며 웃었다. 엄마는 복제인간 훈이의 코에 밀가루를 묻혔다. 복제인간 훈이는 코에 하얀 밀가루를 묻히고 환하게 웃었다.

보글보글 끓어오르는 물에 반죽을 뚝뚝 끊어 넣고, 소금과 간장으로 간을 했다.

"수제비 다 됐다. 여보 먹으러 와요. 나랑 훈이가 같이 요리했어요."

"후릅."

뜨거운 수제비 국물이 목구멍으로 넘어갔다.

"여보, 우리 훈이랑 이번 주말에 여행 갈까요?"

"좋아요. 갑시다."

며칠 후, 엄마, 아빠, 복제인간 훈이는 함께 멀리 계곡으로 캠핑을 갔다. 보통 주위엔 홀로그램 산이나 계곡이 흘렀지만 이곳은 달랐다. 진짜 폭포를 볼 수 있는 곳이었다.

쏴.

숲 한가운데로 걸어갈수록 시원하게 떨어지는 폭포 소리가 들렸다.

"저기예요."

엄마가 검지로 폭포를 가리켰다.

"와, 속이 뻥 뚫리네요."

아빠가 두 팔을 양옆으로 쫙 벌리며 소리쳤다.

"여기에 자동 텐트를 칩시다."

아빠는 작은 버튼을 눌렀다. 그러자 버튼이 점점 부풀어 오르며 커다란 텐트로 변했다.

"수박도 잘라 먹고 삼겹살도 구워 먹자. 그 전에 계곡 물놀이 어때?"

"좋아요."

아빠, 엄마, 복제인간 훈이는 바지를 접어 올리고 계곡 안으로 들어갔다. 차가운 계곡물이 느껴졌다.

첨벙첨벙.

복제인간 훈이가 엄마에게 물장난을 쳤다.

"이 녀석. 물장난은 아빠가 상대해 주지."

아빠가 복제인간 훈이에게 물을 마구 튀겼다.

"하하."

"호호."

날이 어둑해질 때까지 아빠, 엄마, 복제인간 훈이는 재미있게 놀았다.

"자, 수박 자르고 삼겹살 구워 먹을까?"

맛있게 저녁을 먹고 모닥불을 켰다.

타닥타닥.

모닥불이 활활 타올랐다.

"훈이 어렸을 때 몇 번 오고 몇 년 만에 다시 계곡에 온 것 같아."

"그런가요? 전 엄마, 아빠와 놀러 간 기억이 가물가물해요."

할머니의 기억 위주로 주입된 복제인간 훈이가 대답했다.

"그렇긴 하겠지. 네가 크면서 놀러 간 횟수가 많이 줄었으니까.”

“앞으로 이렇게 우리 가족 함께해요.”

“그러자.”

복제인간 훈이가 아빠, 엄마를 끌어안았다. 일곱 살 이후로 한 번도 안기지 않았던 훈이가 안겨 오자 엄마, 아빠는 순간 멈칫했다가 복제인간 훈이를 꼭 감싸안았다.

“아빠, 엄마, 사랑해요.”

“그래, 훈이야. 아빠, 엄마도 너를 정말 사랑해.”

“저 절대 버리지 말아요.”

제 역할을 못 했을 때, 폐기 처분된다고 입력되어 있던 복제인간 훈이는 엄마, 아빠 품으로 더 파고들었다.

“우리가 널 왜 버려? 우리 아들 평생 지켜 줄게.”

보름달이 휘영청 떠오르고 복제인간 훈이가 잠들자 엄마가 말했다.

“여보, 저 오늘 너무 행복한 거 있죠. 요즘 훈이가 툭하면 화내고 짜증을 내서 너무 속상했거든요. 점점 사이가 멀어지는 것 같아 불안하기도 하고요. 그런데 최근 훈이가 저한테 잘해 줘서 너무 기뻐요.”

"나도요. 이렇게 훈이랑 평생 행복하게 살면 얼마나 좋을까요?"
"에이, 평생은 아니고, 장가가기 전까지만? 그때까지만 이렇게 함께해도 좋을 것 같죠?"
엄마의 눈에 눈물이 그렁그렁 맺혔다.

5.
연극 연습

복제인간 훈이는 처음으로 학교란 곳으로 갔다. 낯설었지만 주입된 친구의 기억으로 이름과 얼굴 등 기본적인 친구의 정보를 알고 있었다.

"숙제해 왔냐?"

"어? 무슨 숙제?"

"이게 장난하나?"

규주가 버럭 화를 냈다.

"하, 진짜. 얘 선생님한테 이르자."

진하가 씩씩거리며 말했다. 그러자 미소가 미간을 찌푸렸다.

"선생님한테 이야기하면 우리 조 전체가 낮은 점수를 받을 거야. 끝까지 끌고 가야지."

미소는 복제인간 훈이에게 한 발 다가갔다.

"훈이야."

"응?"

"복제인간의 존엄성에 대해 어떻게 생각해?"

"복제인간?"

복제인간 훈이는 깊이 생각에 잠겼다. 늘 촐랑거리던 모습만 보던 친구들은 고개를 갸웃거렸다.

복제인간 훈이는 자신이 최초로 태어났을 때를 생각했다. 아무것도 모른 채 갓 태어난 시절, 훈이는 복제인간 센터 COPY에서 기본적인 교육을 받았다. 걷는 법, 밥 먹는 법, 화장실 가는 법, 대화하는 법 등을 배우고 복제인간이 반드시 지켜야 할 법칙도 배웠다.

〈복제인간이 지켜야 할 3원칙〉

1. 인간에게 해를 끼치면 안 된다.
2. 인간들을 도와주는 보조 역할을 해야 한다.
3. 1, 2원칙을 만족하지 않아서 폐기 결정이 난다면 받아들여야 한다.

복제인간 훈이는 교육 받은 대로 당연히 자신도 인간의 보조품으로 생각을 했었다. 집에 배송되기 직전 훈이의 기억이 주입되었고, 그 후, 훈이로 인해 할머니 집이 아닌 부모님의 집으로 배송되었다. 집으로 와 부모님의 사랑을 받으며 자신도 사랑받을 만한 소중한 생명체라는 쪽으로 생각이 점점 바뀌었다.

"나는 복제인간도 존엄성이 있다고 생각해. 복제인간은 주 인간의 존재에 의해 만들어졌기 때문에 그 인간에게 해를 끼치지 않고 도와주어야 하는 건 맞아. 하지만 그 인간을 도와주지 못한다고 해서 폐기하는 건 문제라고 생각해. 왜냐하면 복제인간도 엄연히 생각과 마음을 가진 하나의 소중한 생명체이기 때문이야.

독립적으로 행동하고 가족에게 사랑을 받을 권리가 있지. 그리고 동일한 염색체인 일란성 쌍둥이도 자라는 환경이 다르면 다른 성격의 사람이 되듯이 복제인간들도 처음 기억이 주입되었을 당시에는 주 인간과 같은 것처럼 보이지만 추후 살아가는 환경이 다르면 결국 다른 생명체로 자라게 되겠지. 그러므로 복제인간도 또 하나의 독립된 개체로 인정을 받아야 한다고 생각해."

"오."

"대박."

규주와 진하가 복제인간 훈이의 어깨를 툭툭 쳤다.

"준비 안 해 왔다더니 다 준비해 왔네. 웬일이냐?"

"이제까지 내 행동 때문에 기분 나빴지? 사과할게. 이제부터 새로운 내 모습을 보여 줄게."

"오, 너 완전 달라 보인다?"

"그래? 어디가?"

"음, 뭐랄까. 얼굴은 그대로인데, 말투, 태도, 표정까지 완전히 다 달라. 혹시 너 훈이가 아니라 훈이 복제인간 아니야? 진짜 얼굴 빼고 완전히 다른 사람 같아 보인다니까."

복제인간이란 말에 복제인간 훈이가 움찔했다.

"뭘 그렇게 놀라? 농담이야. 농담."

복제인간 훈이가 멋쩍게 웃었다.

"그럼 우리 두 달 후 발표 어떤 방식으로 할까?"

복제인간 훈이 머릿속에 좋은 생각이 떠올랐다.

"연극하는 건 어때?"

"연극?"

"응."
"난 연극 잘 못 하는데."
규주가 얼굴을 찌푸렸다.
"나도 별로."
진하도 고개를 절레절레 흔들었다. 복제인간 훈이가 잔잔하게 미소를 띠며 말했다.
"내가 알려 줄게."
미소가 얼굴을 조금 들이밀며 물었다.
"뭘?"
"연기."
"연기?"
"응. 나 연기 잘해."
복제인간 훈이는 할머니와 잘 지내도록 설계가 되어 있었다. 트로트 가수, 아침 드라마 연기를 잘 따라 하도록 말이다. 게다가 주 인간인 훈이는 배우 출신이었던 돌아가신 할아버지를 닮아 연기 센스가 있었다.
"와, 정말? 처음 알았네? 너 연기 잘하는 거? 우리 같이 배워 보자."

미소의 말에 규주, 진하가 고개를 끄덕였다.

"그래, 그럼 어디서 모일까?"

규주의 말에 복제인간 훈이가 말했다.

"우리 집으로 올래?"

"정말?"

"그래."

"언제?"

"오늘이라도 와."

수업이 끝나고, 규주, 진하, 미소는 복제인간 훈이를 따라 집으로 갔다.

"엄마."

엄마는 깜짝 놀랐다. 아들이 친구들을 집으로 데려오는 건 처음이었으니까.

"우리 훈이 왔어?"

"네. 오늘 집에서 친구들이랑 과제 해도 돼요?"

"그럼, 당연하지."

복제인간 훈이는 친구들을 방으로 안내했다.

"여기가 내 방이야. 방에서 연기 연습하자."

"좋아."

모두 방 한가운데 둘러앉았다. 미소가 의견을 말했다.

"일단 주제가 복제인간의 존엄성이잖아. 그럼 복제인간 역할을 하는 사람이 있어야 하고, 복제인간을 무시하고 괴롭히는 사람, 복제인간을 괴롭히는 사람에게 관심 없고 그저 방관하는 사람, 복제인간의 존엄성을 인정하고 도와주는 사람이 있어야 할 것 같아. 제일 중요한 복제인간 역할을 하는 사람부터 뽑자."

그 말에 복제인간 훈이가 번쩍 손을 들었다.

"내가 할게. 복제인간 역할."

"오, 그래. 네가 연기 잘한다고 했으니까. 그게 좋겠다. 그럼 복제인간을 무시하고 괴롭히는 사람은 누가 할래?"

규주와 진하가 동시에 손을 들었다.

"진하 너보단 내가 더 남을 잘 괴롭힐 거 같은데."

"아니야, 내가 더 잘해."

미소가 웃으며 말했다.

"으이그, 자랑이다."

미소의 말에 진하가 몸을 뒤로 젖히며 말했다.

"그럼 네가 해. 나는 그냥 방광하는 사람 할게."

"방광이 아니고, 방관이야."

"뭐 그게 그거지."

"그럼 내가 복제인간의 존엄성을 인정하고 도와주는 사람 할게."

미소가 웃으며 말했다.

역할을 정하자마자 규주가 버럭 화를 냈다.

"이 복제인간 따위가 어딜 대들어?"

미소가 규주 앞을 가로 막았다.

"아이, 잠깐만. 일단 대본을 만들자."

미소가 대화형 인공지능 챗봇 채티에게 명령어를 입력했다.

안녕? 채티. 너는 유명한 기자이자 작가야. 복제인간에 대한 현 상황을 알려 주고, 아래와 같은 줄거리로 대본을 적어줘. 줄거리는 다음과 같아.

규주가 복제인간은 사람이 아니라며 복제인간인 훈이를 괴롭힌다. 옆에 있던 진하는 괴롭히는 일이 옳지 않다고 생각하면서도 방관한다. 미소는 복제인간에게도 존엄성이 있다고 생각하고 복제인간을 괴롭히는 규주에게 대항한다. 복제인간 훈이는 미소의 도움으로 자신의 존엄성을 지킨다.

엔터를 치자 채티는 먼저 복제인간에 대한 현 상황에 대해 음성으로 설명했다.

최근 오류가 난 복제인간의 폐기 처분을 하던 담당자가 극심한 우울증을 호소했다고 합니다. 살아있는 생명체를 폐기하는 일에 회의를 느끼고 심한 죄책감을 짊어지고 있다고 밝혀졌습니다. 심지어 사옥에서 자살 시도를 한 정황까지 드러났습니다. 이 사건이 일어난 후, 사회적으로 큰 파장이 일었습니다. 평소 복제인간 폐기 처분에 대해 반대 시위를 하던 단체가 이 문제를 전국적으로 이슈화했습니다. 이 단체는 복제인간의 생명도 존중해야 한다는 입장으로 최근 복제인간의 입양 제도를 제안했습니다. 정부는 이번 사안의 심각성을 인식하고 입양 제도 시범 사업을 추진하기로 결정했습니다.

복제인간 훈이가 중얼거렸다.

"복제인간을 입양할 수도 있다고? 부럽다."

규주와 진하가 휙 고개를 돌렸다.

"뭐가 부러워?"

"아, 아니야."

규주와 진하가 수상하다는 눈빛으로 복제인간 훈이를 바라보았다.

"근데 복제인간 입양하면 좀 무서울 것 같지 않냐?"

규주의 말에 진하가 고개를 끄덕였다.

"왠지 소름 끼칠 듯. 사람도 아닌 게 사람인 척하면서 나 잘 때 내 목 조르고 자기가 주 인간인 척하면 어떻게 해?"

그때, 입력한 내용을 토대로 만들어진 대본과 영상이 공중에 홀로그램 영상으로 떠올랐다.

미소가 손뼉을 치며 주의를 끌었다.

"얘들아, 대사 외우자."

규주, 진하, 미소, 복제인간 훈이는 영상을 보고 대사를 외웠다.

규주 : (훈이의 발끝을 신발로 톡톡 치며) 복제인간은 가짜야. 진짜를 따라 하는 가짜.

진하 : (훈이를 괴롭히는 모습을 가만히 응시하다가 규주와 눈이 마주치자 시선을 피한다.)

훈이 : 내가 왜 가짜야? 여기 있는데.

규주 : 너 자체가 우리 인간을 위해 만들어진 거야. 독거노인을 위해 가짜 손주로 산다든가, 아픈 인간을 위해 장기를 주고 가는 용도로 만들어졌을 뿐이잖아.

훈이 : 그, 그렇지만 복제인간도 생각이 있고 감정이 있어.

규주 : 넌 어차피 금방 죽잖아.

훈이 : 그게 무슨 말이야?

규주 : 복제인간들은 텔로미어 염색체 이상으로 빨리 죽잖아.

  빨리 죽는다는 말에 복제인간 훈이가 움찔했다.
  '난 해야 할 일이 많은데……. 빨리 죽긴 싫은데. 엄마랑 아빠랑 같이 여행 갈 곳도 많고, 할머니도 만나 놀러 다니고 싶어. 난 연기자도 되고 싶고 친구도 사귀고 싶고…….'
  복제인간 훈이가 눈물을 뚝뚝 흘렸다.

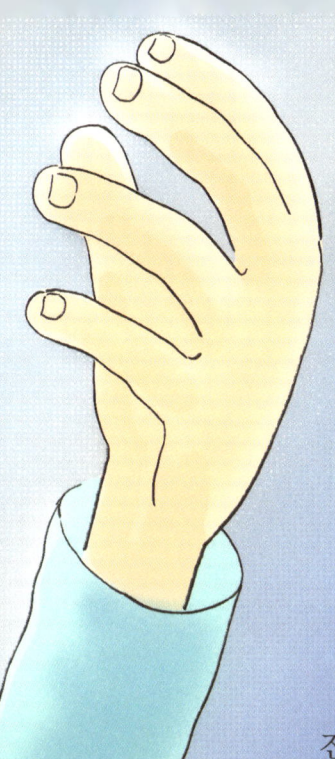

훈이 : 나 정말 인간처럼 살고 싶어.
미소가 훈이 앞을 가로막으며 규주에게 따졌다.
미소 : 그만해, 복제인간도 한 생명체야. 우리가 함부로 하면 안 된다고.

한 차례 연극 연습이 끝났다. 규주가 복제인간 훈이에게 한 걸음 다가가 말했다.
"와, 너 연기 잘한다."
진하도 고개를 끄덕였다.
"눈물 흘릴 때 소름 끼칠 정도로 실감났어."
미소가 환하게 웃으며 말했다.
"맞아, 연기 진짜 잘하더라. 두 달 후에 공개 수업에서 이 연극 하면 우리가 과제 발표 일등 하겠는데?"
복제인간 훈이는 마음속으로 생각했다.
'연기가 아니었어. 진짜 내 마음이었다고.'
복제인간 훈이는 계속해서 학교도 다니고, 부모님과 할머니와 함께 머물고 싶었다. 하지만 할머니 댁에 있을 훈이가 돌아온다면? 생각만 해도 마음이 아렸다.

6. 들통난 작전

한 달 정도 후면 할머니 생신이다. 그때가 되어야 부모님이 이곳에 찾아올 텐데, 이 생활을 한 달이나 해야 한다니. 눈앞이 캄캄했다.

"놀려고 왔는데 이럴 순 없어. 그냥 하고 싶은 대로 해도 할머니니까 이해해 주겠지."

훈이는 자리에서 벌떡 일어나 거실로 나갔다.

"할머니, 고글 좀."

"그건 왜? 잘 시간이 넘었는데."

"그냥 고글 줘."

가장 자신답게 하는 게 할머니에게 제일 잘 먹힐 것 같았다. 훈이는 일부러 더 크게 목소리를 냈다. 할머니는 훈이의 말을 잘 들어주었다.

"역시 우리 할머니야. 진작 나답게 행동하는 게 정답이었어. 오래 안 쓰다 보니까 먼지가 쌓였네. 감마짱, 이거 깨끗이 닦아 줘."

훈이는 심부름 로봇 감마짱을 데리고 방으로 들어가서 지시했다.

"할머니가 모니터로 누군가에게 연락하려고 하면 내게 알려 줘."

감마짱이 거실로 나간 후, 훈이는 VR룸에 들어갔다. 몸에 센서를 달고 고글을 쓰고 신상 몬스터 때려잡기 게임을 선택했다.

"어떤 몬스터를 고를까?"

훈이는 홀로그램 화면에 뜬 괴물을 손바닥으로 슥슥 넘겼다. 무시무시하게 생긴 괴물들이 빠르게 지나갔다. 훈이의 손바닥은 커다란 녹색 슬라임 괴물에서 멈췄다.

"와, 진짜 그럴듯하네."

훈이는 녹색 슬라임 괴물을 클릭하고는 잠시 멈춰 숨을 골랐다. 그리고 장소를 폭포를 품은 숲으로 선택했다.

"쏴."

깊숙한 골짜기에서 폭포가 시원하게 쏟아져 내렸다. 골짜기 너머에서 밀려오는 상쾌한 바람에 나뭇잎들이 바스락바스락했다.

"크르르릉."

깊은 폭포 아래에서 괴물의 울음소리가 들렸다. 훈이는 폭포 아래로 뛰어들었다. 가상이었지만 실제처럼 느껴져 몸을 한껏 움츠렸다. 녹색 몬스터는 흐물거리며 바위를 부쉈다. 훈이는 무기에서 검을 선택하고는 몬스터에게 달려들어 발등을 베었다. 몬스터가 괴성을 지르며 다리를 들었다.

"저 발바닥에 깔리면 끝장이야."

훈이는 엄청나게 높게 점프해서 몬스터의 등까지 뛰어올랐다.

퍽.

훈이는 발로 몬스터의 등을 내리찍었다.

쿵.

몬스터가 맥없이 쓰러졌다.

"에이, 시시해. 덩치만 컸지 전투 능력이 약하니까 재미없네."

훈이는 자신 있는 표정으로 도플갱어 게임을 선택했다. 이 게임은 자신과 똑같이 생긴 도플갱어를 찾아내어 제거하는 게임이다. 먼저 녀석을 제거하지 않으면 자신이 죽는다. 두 대의 자율 비행차 사이에 누군가가 수상하게 서성거렸다. 훈이는 몸을 낮추고 살금살금 근처로 다가갔다. 순간, 녀석과 눈이 딱 마주쳤다. 훈이랑 똑같이 생긴 도플갱어였다. 훈이는 광선총을 쏘려고 방아쇠를 당겼다. 그 순간, 배터리가 부족하다는 알림음이 떴다. 그 사이 녀석이 먼저 광선총을 쏘며 말했다.

"내가 진짜고 네가 가짜야."

레이저 불빛이 날아왔다.

"끄아악."

가상 세계였지만 너무나 생생해서 훈이는 비명을 지르며 두 팔로 얼굴을 가렸다. 게임이 끝난 후에도 팔이 덜덜 떨릴 정도로 진정되지 않았다. 그때, 감마짱이 훈이의 고글을 벗겼다.

- 할머니께서 모니터로 연락을 시도하십니다.

훈이는 거실로 미끄러지듯 달려나갔다.

"할머니!"

훈이가 소리를 지르자 할머니가 뒷걸음질을 쳤다.

"이 새벽에 누구한테 연락하려고요?"

"친구한테."

할머니가 멋쩍게 웃었다. 수상하다. 아무래도 할머니는 엄마에게 연락해서 훈이가 또 이상해졌다느니 어쨌다느니 이런 말을 할 게 뻔했다.

"늦은 시간에 친구한테 연락하면 민폐예요. 얼른 주무세요."

할머니는 쭈뼛거리며 방으로 들어갔다.

훈이는 다시 방으로 들어가 고글을 썼다. 이번엔 다른 게임이다.
얼마나 지났을까. 훈이는 자신도 모르게 까무룩 잠이 들었다. 침을 닦으며 고글을 벗었다.
"헉, 아, 아침이야?"
얼른 할머니를 찾았지만 없었다. 훈이는 옥상으로 올라갔다. 할머니가 초조하게 누군가를 기다리고 있었다.
"할머니? 누구 기다려요?"
"아, 아니. 그게 아니라."

그 순간, 자율 비행차가 옥상으로 내려앉았다. 차에서 아빠, 엄마 그리고 복제인간 훈이가 내렸다. 할머니가 복제인간 훈이를 끌어안았다.

"어머니, 이 녀석이 어쨌다고요?"

아빠가 훈이를 위아래로 훑어보며 묻자 할머니가 갑자기 씩씩댔다.

"아니, 쟤가 말이야. 밤새도록 게임하고, 나한테 눈을 부릅뜨고 소리 지르고 그랬다니까."

"음, 그럼 확실히 이상하네요. 어떻게 해야 하지?"

상황이 이상하게 돌아가자 훈이가 말했다.

"아빠, 엄마. 사실은 내가 진짜야. 저 녀석이 가짜고."

"무슨 소리야? 내가 진짜야. 네가 복제인간이겠지."

화가 난 훈이는 복제인간 훈이를 떠밀었다. 둘은 서로 엉켜 엎치락뒤치락했다. 아빠와 엄마는 뒤엉킨 둘을 보고 발을 동동 구르며 혼란스러워했다.

"어떻게 이런 일이 생겼지? 누가 진짜인 거야?"

순간, 훈이는 복제인간을 침대에 눕히고 한 행동이 떠올랐다.

"내가 이럴 줄 알고 저 녀석 배달됐을 때 녀석 엉덩이에 매직펜으로 똥을 그려놨어. 정말이야. 한번 확인해 봐."

복제인간 훈이가 식은땀을 흘리며 바지를 추켜올렸다. 점점 숨이 가빠지더니 엉덩이를 더듬거렸다. 누가 봐도 수상했다. 아빠, 엄마는 방향을 바꿔 복제인간 훈이에게 다가갔다.

"그러고 보니 훈이가 요즘 너무 착했어. 그렇죠?"

복제인간 훈이는 고개를 숙이다가 몸을 틀어 밖으로 냅다 뛰었다. 아빠와 엄마, 할머니와 훈이가 복제인간 훈이를 잡으려고 뛰었다. 복제인간 훈이는 잘 먹고 잘 잤는지 엄청난 속도로 달렸다. 아빠가 다급하게 말했다.

"안 되겠다. 저 반대쪽으로 돌아라. 사방으로 막아서 잡자."

아빠, 엄마, 할머니, 훈이는 서로 협동해서 복제인간 훈이를 잡았다. 복제인간 훈이는 바지춤을 잡고 발버둥을 쳤다. 훈이는 억지로 복제인간 훈이의 바지를 살짝 내렸다. 복제인간 훈이의 엉덩이 위에 똥이 그려져 있었다.

아빠가 복제인간 훈이의 겨드랑이를 들어 올려 홀로폰으로 QR코드를 찍었다.

- 이 제품은 복제인간 제9881호-1입니다.

"이 녀석, 오작동하니 빨리 반품해. 가짜가 감히 나인 척하다니."

훈이가 소매를 걷어 올리며 씩씩거렸다.

엄마가 눈을 들어 복제인간 훈이를 바라보았다. 복제인간 훈이와 눈이 마주친 엄마의 눈동자가 작게 흔들렸다. 엄마는 짧은 시간이었지만 복제인간 훈이와 함께 쇼핑하고 영화를 보고 요리를 함께 하고, 여행을 다녀온 일들을 생각했다. 그동안 진짜 훈이하고는 겪어 보지 못한 행복한 일상들을!

엄마는 떨리는 목소리로 천천히 말했다.

"원래 복제인간이 오류가 나면 폐기해야 한다고 알고 있어. 하지만 그땐 복제인간을 그저 한 사람을 대체하는 도구로만 생각했을 때 이야기야. 지금은 달라. 난 복제인간이 하나의 소중한 생명체라고 생각해. 그리고 애는 너무 착하고 다정해. 우리 집에 더없는 행복을 주었어. 그래서 폐기 처분하지 않고 할머니한테 맡기고 갈 거야. 어머니, 애와 지내 보시면 손자와 함께 사는 행복을 느끼실 수 있을 거예요."

"뭐라고? 어이가 없네."

훈이가 소리를 질렀다.

"이것 봐. 너는 지금도 소리만 지르잖아. 하지만 얘는 버럭대기 전에 차근차근 말을 듣고, 자기 생각을 조곤조곤 말하는 참 예쁜 아들이야."

엄마의 말에 훈이는 딱히 할 말이 없었다. 녀석은 눈물을 글썽거리며 울부짖었다.

"아빠, 엄마. 나 버리지 말아요."

복제인간 훈이가 눈물을 펑펑 흘렸다. 울컥한 아빠와 엄마는 복제인간 훈이를 부둥켜안았다. 훈이 혼자만 덩그러니 그 모습을 바라봤다.

"아, 아니. 뭐 하는 거야? 왜 얠 끌어안아?"

훈이가 큰 소리를 내도 아빠, 엄마는 복제인간 훈이를 껴안고 한참 울었다.

"황당하네. 내가 복제인간 센터에 신고해 버린다."

훈이의 말에 아빠, 엄마가 도끼눈을 뜨고 바라보았다.

"뭐? 신고?"

"그래, 불량 복제인간 신고하는 건 당연한 거 아니야?"

훈이가 홀로폰을 치켜들자 엄마가 몸을 날렸다.

"안 돼."

"뭐 하는 거야? 말 안 듣는 복제인간은 폐기해야 하는 거 몰라?"

"말 잘 들어!"

"뭐?"

"너보다 훨씬 말 잘 들으니까 걱정하지 마."

"하!"

훈이는 설움이 폭발했다. 엄마가 자신보다 복제인간 훈이를 더 신경써 주는 것만 같았다.

"에잇."

훈이는 자기 성질에 못 이겨 팩 뒤돌아섰다.

복제인간 훈이가 엄마에게 말했다.

"엄마, 저 이번에 연극 정말 열심히 준비했잖아요. 우리 집에서 매주 모여 연극 연습한 거 엄마도 아시잖아요. 이번 발표회 때 제가 나가고 싶어요."

그 말에 훈이가 버럭 화를 냈다.

"무슨 소리야? 이제 내 자리까지 꿰차겠다는 이야기야? 이게 진짜!"

엄마가 곰곰 생각하다 훈이에게 말했다.

"그래, 이번 발표만은 훈이, 아니 또 다른 훈이가 하는 게 낫겠다."
"왜요?"
"오랫동안 열심히 준비했거든. 만약 전혀 연습하지 않은 훈이 네가 연극에 참여하면 다른 아이들에게도 피해를 줄 거 아니냐?"
"아, 진짜, 엄! 마!"
엄마에게 말이 통하지 않자 훈이는 아빠를 붙들고 물었다.
"이게 말이 돼요? 제가 참여해야 할 연극에 가짜가 들어가는 게?"
"연극이 얼마 남지 않았어. 연극까지 또 다른 훈이가 할 수 있게 해 주자."
"그럼 나는? 진짜인 나는 구경만 해?"
"큼큼."
아빠가 헛기침을 하며 먼 산을 봤다.
"아니, 황당하네. 할머니!"
"어?"

"할머니 얘가 제 역할을 한대요. 뭐라고 말 좀 해 봐요."

"훈이 너는 이제까지 나랑 생활했고, 복제인간 훈이는 엄마, 아빠, 친구랑 생활했잖아. 그동안 과제 발표도 친구들이랑 함께 준비했을 거고. 그러니까 과제 마무리도 복제인간 훈이가 해야 하지 않겠니?"

"아, 다들 왜 이래? 뭐에 홀린 거예요?"

훈이는 버럭 소리를 질렀다. 하지만 아무 소용이 없었다. 결국 훈이와 복제인간 훈이는 부모님과 함께 자율 비행차를 함께 타고 집으로 돌아갔다.

7.
복제인간 훈이 VS 훈이

자율 비행차를 타고 오는 내내 훈이는 창밖만 보았다. 복제인간 훈이는 뭐가 좋은지 계속 엄마와 아빠에게 떠들어 댔다.

"아빠, 엄마 오늘 저녁은 뭘 먹을까요? 된장찌개 어때요?"

"오, 좋은데?"

"엄마가 해 주시는 된장찌개는 정말 맛있어요. 특히 애호박 가득 넣은 된장찌개는 정말……"

훈이가 복제인간 훈이의 말을 자르며 헛구역질하는 시늉을 했다.

"웩. 무슨 된장찌개야? 엄마, 난 피자 먹고 싶어."

"너 엄마가 해 주신 된장찌개 먹어 봤어? 얼마나 맛있는데?"

"야, 가짜! 자꾸 까불래? 그건 진짜 맛있는 게 아니야. 그냥 할머니 식성을 너한테 주입한 것뿐이라고. 넌 아직도 몰라? 네가 진짜 인간이 아니란 걸! 너 바보야?"

훈이의 외침에 복제인간 훈이가 울컥했다.

"아니, 나 진짜 엄마 된장찌개 좋아한다고!"

"쳇, 웃기시네."

엄마가 소리 높여 말했다.

"된장찌개, 피자 다 해 줄게. 그리고 훈이야, 너 말 좀 예쁘게 해라."

"아, 왜 나한테만 그래?"

집으로 오는 내내 훈이와 복제인간은 투닥거렸다.

"내리자."

집 안으로 들어오자 복제인간 훈이가 자연스럽게 훈이 방으로 들어가려고 했다.

"야, 너 어디로 들어가냐?"

"내 방."

"뭐?"

"못 들었어? 내 방에 들어간다고."

"아, 진짜 이게!"

훈이가 복제인간 훈이의 뒷덜미를 잡았다.

"놔라."

"못 놔!"

"아, 놓으라고!"

복제인간 훈이가 훈이의 손을 뿌리치고 기어코 방으로 들어갔다. 훈이도 같이 방으로 따라 들어갔다.

"야, 내 방에서 나가!"

"여긴 내 방이기도 해."

훈이와 복제인간 훈이가 싸우는 소리에 엄마가 소리쳤다.

"그만 좀 싸워라."

훈이가 엄마에게 달려갔다.

"엄마, 저긴 내 방이잖아!"

"그래, 하지만 쟤 방이기도 하지."

"아니, 쟨 복제인간이라고요."

"복제인간 타령 좀 그만할래?"

"뭐라고요? 쟤 내 방에서 쫓아내라고요."

훈이가 발을 쾅쾅 굴렀다.

"아휴, 알았다."

엄마가 방으로 들어가 복제인간 훈이에게 속삭였다. 그러자 복제인간 훈이가 웃으며 방에서 나왔다.

"자, 됐지? 넌 네 방에 들어가 있어라."

"진작 그럴 것이지."

뭔가 찝찝했지만 훈이는 일단 방으로 들어갔다.

"하, 뭐지 진 기분은?"

몇 분 후, 엄마가 훈이를 불렀다.

"훈이야, 밥 먹으러 나와라."

"배 안 고파요."

훈이는 투덜거리며 대답했다.

"그래?"

엄마는 더는 훈이를 부르지 않았다. 아빠, 엄마, 복제인간 훈이가 식탁에 둘러앉아 하하, 호호 웃으며 밥을 먹었다.

꼬르륵.

배에서 배고프다는 신호를 보냈다. 하지만 훈이는 왠지 오늘 밥을 먹고 싶지 않았다.

어둠이 내린 후, 훈이는 목이 말라 밖으로 나왔다. 안방

방문 틈 사이로 재잘거리는 소리가 들렸다.
"엄마, 아빠 우리 여행 또 가요."
"그래, 그러자."
"하하하."
훈이는 화가 나 문을 벌컥 열었다.
"나는?"
"깜짝이야. 너는 뭐?"
"나는 여행 안 가?"
"넌 유치원 때 이후로 여행 따라간 적 없잖아."
"나도 여행 따라갈 거야."
"그래, 그러자."
훈이는 방문을 쾅 닫고 방으로 들어갔다. 왠지 외로운 마음이 들었다.

며칠 후, 복제인간 훈이의 연극 발표회가 열렸다.
"훈이야, 너도 가서 보자."
"아, 내가 왜?"
"그래도 네 발표회이기도 하잖아."

7. 복제인간 훈이 VS 훈이

"쳇, 난 안 가."

"정말?"

"갔다가 내가 두 명인 거 들키면 어떡해?"

"그건 그러네. 그럼 오늘 집에 있을래?"

"그래, 안 갈 거야."

훈이는 방문을 잠그고 나가지 않았다.

"그럼 다녀올게."

아빠, 엄마, 복제인간 훈이는 함께 학교로 갔다. 집 안에 혼자 뿐이라 사방이 조용한 그때, 훈이가 벌떡 일어났다.

"왜 내 학교에 내가 못 가는 거야?"

훈이는 마스크를 쓰고 모자를 썼다. 복제인간 훈이와 다른 옷을 챙겨 입고 밖으로 나갔다. 다행히 학교가 가까워 걸어갈 수 있었다.

"난 그 녀석 연기가 궁금해서 가는 게 아니야."

훈이는 학교 안 강당으로 들어갔다. 공개 수업 참관하러 온 사람들로 강당이 복작거렸다. 훈이는 강당 구석에 혼자 고개를 숙이고 앉았다.

"자, 지금부터 1조의 연극이 있겠습니다. 연극 주제는 '복제인간의 존엄성은 존재하는가'입니다."

팟.

조명이 꺼졌다. 무대 위가 소란스럽더니 다시 불이 켜졌다. 무대 위 복제인간 훈이, 규주, 진하, 미소가 서 있었다.

규주 : (훈이의 발끝을 신발로 톡톡 치며) 복제인간은 가짜야. 진짜를 따라 하는 가짜.

진하 : (훈이를 괴롭히는 모습을 가만히 응시하다가 규주와 눈이 마주치자 시선을 피한다.)

훈이 : 내가 왜 가짜야? 여기 있는데.

규주 : 너 자체가 우리 인간을 위해 만들어진 거야. 독거노인을 위해 가짜 손주로 산다든가, 아픈 인간을 위해 장기를 주고 가는 용도로 만들어졌을 뿐이잖아. 진하야, 너도 그렇게 생각하지?

진하 : 어? 어! 복제인간은 진짜 인간을 위해 태어난 거뿐이니까.

훈이 : 그, 그렇지만 복제인간도 생각이 있고 감정이 있어.

규주 : 넌 어차피 금방 죽잖아.

훈이 : 그게 무슨 말이야?

규주 : 복제인간들은 텔로미어 염색체 이상으로 빨리 죽잖아.

규주의 말에 숨어서 연극을 보던 훈이는 멈칫했다.
'복제인간이 빨리 죽나?'

훈이 : 나 정말 인간처럼 살고 싶어.
미소 : (훈이 앞을 가로막으며) 그만해, 복제인간도 한 생명체야. 우리가 함부로 하면 안 된다고.
규주 : 어차피 인간에게 헌신하고 곧 죽을 목숨인데, 뭘 함부로 하면 안 돼?
미소 : 복제인간은 상품이 아니야. 그러니까 마땅히 존중받아

야 한다고.

복제인간 훈이가 갑자기 바닥에 철퍼덕 주저앉았다.

훈이 : 난 엄마, 아빠랑 바다로 여행 가서 수영도 해야 하고, 열심히 연기 연습해서 연기자도 되고 싶어. 나중에 커서 아빠, 엄마와 함께 정원도 꾸미고 싶어. 난 하고 싶은 게 많다고. 나도 꿈이 있고, 소망이 있고, 희망이 있어. 날 좀 내버려 둬. 제발 날 힘들게 하지 말라고. 나도 너랑 똑같은 인간이야! 그놈의 복제라는 단어를 빼 줘!

복제인간 훈이는 대본과 다른 자신의 속마음을 시원하게 내뱉었다. 속이 시원했다. 마치 막힌 둑이 터진 것처럼.

복제인간 훈이는 아이처럼 주저앉아 펑펑 울었다.

"와, 쟤가 저렇게 연기를 잘했나?"

관객석이 웅성거렸다.

짝짝짝.

누군가가 기립 손뼉을 쳤다. 훈이 엄마, 아빠였다. 그러자 다른 사람들도 모두 일어나 환호했다. 단 한 명 훈이만 빼고 말이다.

"쳇, 저 정도 연기는 나도 한다고."
그때 복제인간 훈이가 관객석으로 내려왔다.
엄마, 아빠가 복제인간 훈이를 꽉 끌어안아 주었다.
"하, 볼수록 어이없네. 도대체 쟤가 뭔데?"
저 멀리 규주와 진하, 미소도 복제인간 훈이
가까이 다가왔다. 규주와 진하가 복제인간 훈이의
어깨에 손을 둘렀다.

"너 연습 때보다 연기 더 잘하더라."
"그러니까. 처음에 대본과 다르게 말하길래 망한 줄
알았는데, 오히려 더 반응이 좋았어."
훈이는 고개를 갸웃했다.
"뭐야, 쟤들 왜 나한테, 아니 복제인간한테 잘해 줘?"

"진짜? 고마워."

"있잖아. 너 내 생일날 올래?"

"정말?"

"응. 방학 중에 내 생일 파티할 거야. 내가 홀로폰으로 초대장 보낼게."

"그래, 초대해 줘서 고마워."

훈이는 가슴이 두근거렸다. 마치 자신이 미소의 생일 파티에 초대받은 것처럼 말이다.

훈이는 학교를 빠져나와 집으로 돌아왔다. 혼란한 마음에 밤새 방에 틀어박혀 게임을 했다.

8. 또 하나의 가족

며칠 후, 복제인간 훈이는 할머니에게 맡겨졌고 훈이는 다시 학교에 갔다. 규주와 진하가 살갑게 굴었지만 어색해서 가만히 있었다. 미소도 다가와 말을 걸었지만, 눈을 마주칠 수 없었다.

"너 왜 그래?"

"뭐, 뭐가?"

"뭔가 달라진 것 같아."

"아, 오늘 배가 많이 아파서."

당황한 훈이는 이리저리 둘러대다가 조퇴하고는, 집에 도착해 침대로 몸을 날렸다. 잠을 청해 보려고 했지만 도무지 잠이 오지 않았다. '복제인간은 진짜 빨리 죽을까?'란 의문이 머릿속을 무겁게 짓눌렀다. 훈이는 벌떡 일어나 복제인간에 대해 밤새 찾아보았다.

"복제인간은 체세포가 복제되면서 텔로미어라는 염색체가 짧아지는 바람에 보통 인간보다 빨리 죽는 건가?"

훈이는 빨리 죽는 복제인간 훈이가 조금은 짠하게 느껴졌다.

며칠 만에 방학이 되었고, 곧 미소에게서 초대장이 왔다.

- 훈이야, 내 생일에 초대할게.

이 주 후가 미소의 생일이었다.

"하, 나를 초대하는 게 맞겠지?"

훈이는 마음이 들떴지만 양심에 찔려 바로 답장을 못 했다.

"미소는 나를 초대한 걸까? 복제인간 훈이를 초대한 걸까? 이젠 나도 헷갈린다."

복제인간 훈이가 할머니 댁에 간 후, 짧은 시간 복제인간 훈이와 정이 들어 버린 부모님이 복제인간 훈이를 보기 위해 삼 일이 멀다 하고 할머니 집에 찾아갔다. 그때마다 원래 할머니 집에 가는 것을 싫어했던 훈이는 못 이기는 척 따라갔다. 할머니와 아빠, 엄마 그리고 복제인간 훈이가 할머니 집에서 본인만 쏙 빼고 재밌게 노는 것을 생각하니 배가 아팠으니까.

"하, 또 공부하기 싫다."

훈이가 할머니 방에 누워서 중얼거리자 복제인간 훈이가 다가왔다.

"우리끼리 가끔 바꿀까? 어차피 부모님도 우리가 가짜인지 진짜인지 매번 확인하지는 않을 테니까."

훈이는 처음으로 복제인간 훈이를 뚫어지게 바라보았다. 녀석의 눈동자에 자신의 모습이 비쳐 보였다. 깊은 눈동자를 보자 가짜가 아니게 느껴졌다.

혼란스러운 느낌에 점퍼를 입고 밖으로 나왔다. 할머니 집은 산자락 아래에 있었는데, 훈이는 오른쪽의 완만한 비탈길을 따라 걸어갔다. 숲 근처에만 갔는데도 싱그러운 풀 냄새가 훅 끼쳤다.

"킁킁."

숨을 크게 들이켜 신선한 공기를 들이마셨다.

"와, VR과는 확실히 다르네. 흙냄새, 풀 냄새, 바람 냄새 너무 좋다."

8. 또 하나의 가족

산자락을 감아 돌다가 비탈진 길로 들어서자 숨이 금세 턱까지 차올랐다.

"헉헉."

등허리를 굽혀 거친 숨을 몰아쉬며 갑자기 경사가 급해진 길을 올려다보았다.

"하, 눈으로 볼 땐 경사가 급해 보이지 않았는데, 실제로 오르려니 장난 아니네."

다리에 힘을 주며 겨우 한 발짝씩 나아갔다. 신발에 모래가 달라붙었다. 흘러내리는 땀 때문에 등허리에 셔츠가 딱 달라붙었다.

"목말라."

멀리서 바람이 불어왔다.

찰랑.

어디선가 물소리가 들렸다.

"근처에 계곡이 있나?"

물소리가 들리는 곳으로 뛰었다. 저 멀리 연못 하나가 보였다.

"헉. 정말 연못이 있잖아?"

연못을 VR로만 보았지 실제로 보는 건 처음이어서 괜히 긴장되었다. 훈이는 숨을 크게 들이마시고 천천히 연못 근처로 갔다.

"꿀꺽."

침을 삼키며 엉덩이를 최대한 뒤로 빼고 연못을 슬쩍 들여다봤다.

"잘 안 보이네. 조금만 더 가까이 갈까?"

한 발짝 다가서자 연못에 흐릿한 형체가 울렁거렸다.

"물고기인가?"

조금 더 몸을 바짝 붙였다. 출렁거리는 연못에 물고기가 보였다 사라졌다. 숨을 훅 들이마시고 고개를 쭉 빼냈다.

"조금만 더 가까이 가면 잘 보일 것 같은데."

머리를 더 아래로 숙이다가 무게 중심이 아래로 쏠리면서 몸이 기우뚱하더니 연못에 돌멩이 몇 개가 굴러떨어지고 흙먼지가 피어오르며 발이 미끄러졌다.

"어? 어!"

검은 연못 속으로 순식간에 빨려 들어갔다.

"풍덩."

물방울이 사방에 튕겨 올랐다.
"사, 살려줘."
입에 연못물이 들어갔다.
"어푸어푸."
"나 수영 못 해. 누가 좀 살려주세요."
훈이는 손을 쭉 뻗었다.
"뽀글뽀글."
입에서 물방울이 연이어 뿜어져 나왔다.
"나 이제 착하게 살 거예요. 진짜예요. 가짜 아니고. 살려만 주세요."

눈물, 콧물로 범벅된 채 중얼거리는데 서서히 몸이 가라앉는 게 느껴졌다. 그때, 누군가가 훈이의 손을 꽉 잡아 낚아챘다.
"정신 차려!"
훈이는 그 손을 젖 먹던 힘을 다해 붙잡았다.
"야! 눈 뜨고 발을 디뎌. 네 키보다 얕아, 여기."
"응?"

훈이는 반사적으로 발을 쭉 폈다. 정말 훈이의 키보다 얕은 연못이었다. 눈을 들어 위를 올려다봤다. 복제인간 훈이었다.

"너 속이려고 일부러 연기했는데, 걸려들었다."

창피해진 훈이는 물을 머금은 셔츠를 쥐어짜며 억지로 웃었다.

"콧물이나 닦고 이야기해라."

"무슨 콧물이 있다고, 켁켁."

연못 물을 먹어서 그런가, 입에서 기침이 뿜어져 나왔다.

"넌 여기 왜 왔어?"

"너하고 이야기하고 싶어서 뒤늦게 따라왔는데 다급한 네 목소리가 들리더라고."

"그랬냐?"

머쓱해졌다. 어색한 기운이 맴돌았다.

"추우니까 일단 내려가자."

"그럴까?"

훈이는 복제인간 훈이의 손을 맞잡고 연못을 빠져나왔다. 연못을 빠져나오며 돌멩이를 잘못 밟았다.

"악."

발목을 삐끗했다.

"괜찮아?"

복제인간 훈이가 걱정된다는 얼굴로 훈이를 바라봤다.

"어. 이 정도쯤이야."

훈이가 한 걸음을 내디뎠다. 발목이 욱신거렸다.

"아야."

"안 되겠다. 업혀."

"뭐?"

"업히라고."

"아니, 그건 좀."

"그래? 그럼, 너 여기 있어. 곧 해 떨어진다."

거뭇거뭇한 어둠이 숲을 서서히 삼키고 있었다. 몸이 젖어 살이 떨렸다.

"어, 어쩌지."

"나 갈게."

"잠깐만."

"왜?"

"세 번은 물어봐야지. 한 번 물어보고 그냥 가냐? 치사하게."

"그럼 업어 줘?"

"네가 그렇게 원한다면 한 번 업혀 주지."

"참나. 일단 업혀."

훈이는 못 이기는 척 녀석의 등에 몸을 기댔다.

"똑바로 업혀."

두 손바닥으로 복제인간 훈이의 어깨를 꼭 잡았다.

"완전히 기대고 쉬어. 그게 너도 나도 편해."

훈이는 머리를 복제인간 훈이의 등에 완전히 기댔다. 생각보다 따뜻했다. 하늘에 번져가는 금빛 노을처럼 훈이와 복제인간 훈이의 마음도 서로에게 서서히 번져갔다.

집에 도착하자 할머니, 엄마, 아빠가 뛰어나왔다.

"어디 다녀왔니? 왜 이렇게 젖었어?"

"물에 빠졌어요."

복제인간 훈이가 훈이를 내려놓고는 갑자기 바닥에 털썩 쓰러졌다.

"훈이야? 훈이야!"

엄마, 아빠가 복제인간 훈이의 어깨를 흔들었다. 복제인간 훈이는 깨어나지 않았다. 훈이는 당황해서 복제인간 훈이의 주위를 돌며 허둥지둥거렸다.

"복제인간! 얼른 일어나!"

훈이가 복제인간 훈이의 몸을 흔들었다. 복제인간 훈이의 몸은 축 늘어진 채 힘없이 흔들렸다.

"엄마, 아빠. 도대체 얘, 왜 이래? 응?"

삐용삐용.

엄마, 아빠가 부른 구급 비행차가 도착했다. 복제인간 훈이가 구급 비행차에 실렸다. 엄마가 구급 비행차에 올라탔다. 아빠와 훈이는 자율비행차를 타고 뒤따라갔다.

덜컹덜컹.

비행차가 덜컹거릴 때마다 훈이의 마음도 덜컹거렸다.

병원에 도착 후, 의사가 복제인간 훈이의 상태를 체크했다.

"흠, 몸살감기인 것 같은데, 쓰러진 건 의아하네요. 일단 링거 맞고, 상태를 지켜봅시다."

의사가 나가고 엄마, 아빠는 훈이 음식을 사러 갔다. 혼자 남은 훈이는 복제인간 훈이를 내려다보았다. 훈이는 덜컥 겁이 났다. 이대로 죽을까 싶어 눈물이 차올랐다.

'복제인간 수명이 길지 않다더니 벌써 죽나? 나를 구하다가 몸이 안 좋아진 건가?'

별의별 생각이 들며 눈물이 찔끔 났다.

"미안해."

훈이의 눈물이 복제인간 훈이의 얼굴에 뚝뚝 떨어졌다.

"내가 하고 싶은 말이 있어. 빨리 눈 뜨라고."

마치 자신이 누워 있는 모습을 보는 것 같아 더 짠했다. 이제까지 복제인간 훈이에게 윽박질렀던 것, 짜증 냈던 장면이 빨리 감기를 하듯 머릿속에서 휙휙 지나갔다.

"바보야, 죽지 마."

훈이는 복제인간 훈이의 손을 꽉 움켜잡았다. 그때였다. 복제인간 훈이의 손가락이 조금 움직였다.

"의사 선생님! 복제, 아니, 내 동생 손이 움직였어요."

의사 선생님과 간호사 선생님들이 후다닥 뛰어왔다.

"깨어났구나. 다행이다."

복제인간 훈이는 눈을 가늘게 떴다 감았다를 반복했다.
"내 말 들려?"
"으응."
복제인간 훈이가 고개를 작게 끄덕였다.
"있잖아."
훈이는 용기를 내고 싶었다. 지금이 가장 말하기 적합할 것만 같았다. 이 순간이 지나면 절대로 다시 말하지 못할 것만 같았다.
"왜?"
"미안해."
"뭐가?"
"그러니까. 내가 너보고 계속 가짜라고 한 거."
정적이 흘렀다. 누워 있는 복제인간 훈이의 숨소리만 병실에 울려 퍼졌다. 훈이는 다시 한번 용기를 냈다.
"미안해. 우린 가족인데 내가 너에게 너무 못되게 굴었어."
"가족?"
복제인간 훈이가 크게 놀라워했다.
"응. 피를 나눈 사이보다 더 진한 사이야. 핵을 나눈 사이

랄까."

"핵을 나눈 사이?"

"응. 내가 복제인간에 대해 찾아봤거든. 거기에 이렇게 적혀 있었어. 내가 어릴 때 내 몸속에서 뽑아낸 체세포의 핵을 엄마가 제공한 난자에 집어넣은 다음, 복제 수정란을 만들어서 인공 자궁에 넣어 네가 태어난 거야. 그러니까 넌 내 핵을 나눠 가진 거야. 우린 핵을 나눈 사이지. 음, 그리고 중요한 건 내가 먼저 세상에 나왔으니까 내가 형이야. 1초만 먼저 태어나도 형인데 난 너보다 무려 십삼 년을 먼저 태어났으니까."

복제인간 훈이가 어깨를 작게 떨며 말했다.

"앞으로 잘 지내자, 형."

"그래. 우린 가족이야. 잊지 마. 그리고 이제부턴 마음으로만 날 형이라고 생각하고 그냥 이름 불러. 난 마음이 넓으니까. 하하."

"나한테 진짜 형이 생겼어."

복제인간 훈이가 환하게 웃었다.

"빨리 일어나. 그래야 미소 생일 파티에 가지."

"어?"

복제인간 훈이가 또 한번 놀랐다.

"미소가 생일 파티에 너를 초대한 거잖아. 나를 초대한 게 아니고."

"아……, 고마워."

"그런데 복제, 아니 동생아. 너 친구들한테 대체 어떻게 했냐?"

"어떻게 했냐니?"

"아니, 친구들은 원래 나 다 싫어했거든? 근데 네가 잠깐 친구들이랑 논 후로 나를 좋아하더라고."

"아, 그거? 글쎄. 그냥 마음을 담아 최선을 다한다?"

"자식, 너만의 비밀이냐? 앞으로 나한테 차근차근 알려 주라. 이제 우리 같이 지낼 시간이 많잖아."

"어, 그래."

복제인간 훈이가 어색하게 답했다.

음식을 사 오던 아빠, 엄마가 복제인간 훈이가 깨어난 것을 보고는 봉지를 바닥에 내동댕이치고 달려왔다.

"괜찮아?"

아빠, 엄마는 복제인간 훈이를 끌어안고 오열했다.

한참 후, 복제인간 훈이가 잠들자 아빠, 엄마가 병실에서 훈이를 불러냈다.

"너 잠깐 정신의학과에 좀 다녀오자."

"왜?"

"그게 아니라. 복제인간 입양을 하려면 기존 자녀의 정신과 소견이 필요하대."

"그게 무슨?"

훈이가 눈알을 굴리다 놀라며 말했다.

"그럼 복제인간이 내 진짜 동생이 된다는 거야?"

"상담을 받는다고 해서 복제인간 입양이 순조롭지는 않아. 그래도 일단 상담은 받아 보자."

훈이는 간절한 마음으로 최선을 다해 상담을 받았다. 상담하고 나온 훈이가 엄마에게 물었다.

"엄마, 동생한테 입양에 대해 말해도 되지?"

"아직은 말하지 마."

"왜?"

"입양 절차가 워낙 까다로워서 입양 승인이 날지 안 날지 전혀 모르거든. 만약에 입양이 되는 줄 알고 있었는데 입양 승인이 안 나봐. 얼마나 실망하겠니? 일단은 우리끼리 비밀로 하자."

훈이네 가족은 입양 승인 여부를 알 수 없어 하루, 하루 마음을 졸였다.

며칠 후, 미소의 생일 파티 날, 복제인간 훈이가 쭈뼛거리며 다가갔다.

"진짜 내가 가도 돼?"

"그래, 내가 아니라 네가 초대받은 거잖아. 맞지?"

"응. 그렇긴 한데. 미소는 내가 형인 줄 알고 초대한 거잖아."

"그건 또 그렇지만."

"그러니까 형이 가."

그때 엄마와 아빠가 덜컥 문을 열고 들어왔다.

"얘들아!"

"아, 깜짝이야. 왜 이렇게 일찍 왔어요?"

"오늘은 특별한 날이거든."

입양 시범 사업 신청서

입양 시범 대상 : 복제인간 제9881호-1

입양 일자 : 20XX년, 7월 30일

입양자가 부여받을 이름 : 훈동

복제인간 윤리법 제35조 1항에 의거하여 입양 시범 대상인 복제인간 제9881호-1을 김○○의 가족으로 받아들입니다.

서명 : khy

"무슨 날이요?"

"우리 가족이 한 명 더 생긴 날."

"그게 무슨?"

"짜잔."

엄마가 공중에 홀로그램 서류를 펼쳤다.

"이게 뭐예요?"

훈이와 복제인간 훈이가 일제히 공중을 바라보았다.

"와, 대박. 나한테도 동생이 생기다니. 근데 왜 이름이 훈동이야?"

"네 동생이 생겼다며."

"응."

"훈이 동생이니까 훈동이지."

그러자 훈동이가 말했다.

"내 이름 너무 마음에 들어요. 입양해 주셔서 감사해요."

"그래, 마음에 든다니 다행이야. 복제인간 입양 시범 사업을 한다길래 신청했어. 나중에 없어질지도 모르는 법안이니까."

훈이가 고개를 갸웃하며 물었다.

"법이 생겼다가 없어지는 게 쉬운가?"

"아니, 아직 복제인간 입양을 반대하는 사람이 있거든."

"왜 복제인간 입양을 반대하는 거야?"

"혹시 나중에 좋은 유전자만 복제하는 풍조가 일까 봐 걱정해서 그래."

"좋은 유전자만 복제한다고?"

"몇몇 과학자가 복제인간에게 강한 유전자만 남도록 편집해서 전쟁에 나가게 한다고 생각해 봐. 힘이 강한 복제인간들을 가진 나라가 전쟁을 일으킨다면 그 나라는 세계를 정복하려고 전쟁을 멈추지 않고 계속하려고 들지도 몰라. 게다가 괴력을 가진 복제인간을 자꾸 만든다고 생각해 봐. 전쟁에 투입되기 위해 태어난 복제인간은 얼마나 괴롭겠니?"

"그럴 수도 있겠네."

"하지만 일어나지도 않은 일을 미리 걱정해서 하나의 생명체인 복제인간 입양을 반대하는 건 아니라고 봐."

엄마는 훈동이 머리칼을 쓸어 넘기며 말을 이었다.

"그래서 정부는 일부 지역에만 복제인간 입양을 시범 사업화하기로 결정했어. 입양에 대한 책임을 높이기 위해 입양 가정의 재력, 사회적 지위, 기존 자녀의 정신과 소견, 아이 부모에 대한 정신학적 검사 등을 철저히 조사하기로 했는데, 우리는 그 기준을 다 통과한 거야. 방학이 끝나면 다음 학기부터 훈동이도 훈이 반에 같이 들어갈 거야."

훈동이는 엄마, 아빠 품에 파고들었다.

"고마워요."

그리고 뒤를 돌아 훈이를 바라보았다.

"형!"

훈동이는 훈이의 품에 와락 달려들었다.

"그래, 오늘 미소 생일 파티 같이 갈까?"

"정말?"

"내가 널 내 동생으로 소개할게."

훈동이는 훈이를 더 꽉 끌어안았다.

"켁켁. 이거 놔."

"형, 우리 미용실에 갈까?"

"왜?"

"우리 스타일을 완전 다르게 바꾸는 건 어때? 그럼 사람들이 우리 보고 안 헷갈리잖아."

"오, 좋은 생각인데?"

훈이와 훈동이는 나란히 미용실에 갔다. 훈동이는 파마를 했고, 훈이는 머리를 다듬었다. 미용실에서 볼일을 마치고 나서는 쇼핑몰에 가서 훈동이가 쓸 뿔테 안경을 샀다.

"어때? 좀 달라 보이지?"

"그러네."

훈이는 훈동이와 함께 미소의 생일 파티에 갔다.

"훈이 왔네?"

미소가 훈이를 보고 웃었다. 뒤이어 훈동이가 들어왔다.

"어? 넌 누구야?"

"나? 훈이 형 동생, 훈동이야."

"뭐? 너 동생도 있었어? 연극 연습하러 너네 집에 갔을 때도 못 봤는데?"

"아, 그, 그건."

훈이가 당황하자 훈동이가 말했다.

"아, 내가 할머니 집에 잠깐 내려가 있었거든."

"그래? 그러고 보니 정말 닮았다."

"그렇지?"

"생일 축하합니다. 생일 축하합니다. 사랑하는 미소의 생일 축하합니다."

미소 생일 파티가 끝나고 집으로 돌아오며 훈동이가 물었다.

"형."

"왜?"

"좋아하지?"

"뭐를?"

"미소."

"뭐?"

훈이가 비밀을 들킨 것처럼 펄쩍 뛰었다.

"아, 아닌데?"

"에이, 맞는데?"

"아니라고!"

"딱 보니 맞네."

"하, 진짜. 모른 척 좀 해 주라."

훈이가 벌게진 얼굴로 말했다.

"근데 이거 알아?"

"뭘?"

"나도 좋아해, 미소."

"뭐?"

"나도 형도 미소를 좋아하니까 우리 이제 서로 경쟁자네?"

"좋아, 그럼 미소 앞에서는 우리 서로 경쟁자인 거다. 동생이라고 안 봐준다."
"나도 마찬가지야. 형이라고 안 봐줄 거야."
집에 도착하자 아빠, 엄마가 말했다.
"주말에 다 같이 여행 가자."
"갑자기?"
"그래, 우리가 다 같이 여행 간 적은 없잖아. 할머니까지 모시고 바다로 놀러 가자."
"좋아."

주말 오후, 훈이네 가족은 모두 바닷가에 도착했다.
철썩철썩.
파도 소리가 멀리서 들려왔다.
"와, 바다다!"
훈이와 훈동이가 바닷가로 뛰어갔다.
"바다 냄새 좋다."
할머니는 멀리서 트로트를 부르며 춤을 추었다.
"야~야~야~ 복제인간이면 어때서~ 인간은 모두 소중해~."

엄마, 아빠는 소고기를 굽고 라면을 끓였다.
"우리 모래성 쌓을까?"
"그래."
훈이와 훈동이는 함께 모래성을 쌓았다.
쏴.
파도가 밀려와 모래성을 무너뜨렸다.
"에잇. 아깝다."
훈이가 안타까워하자 훈동이가 말했다.
"괜찮아. 다시 쌓으면 돼."
훈동이가 모래를 모아 다시 쌓았다.
"나도 이 모래 같았으면 좋겠어."
"모래? 왜?"
"모래는 무너져도 다시 쌓으면 다시 살아나잖아."
"너도 그래. 넘어져도 다시 일어나잖아."
"근데 난 곧 죽잖아. 복제인간이라서. 난 우리 가족이랑 하고 싶은 게 정말 많거든."
"아……."
복제인간의 존엄성에 대해 연극했던 게 떠올랐다. 훈동이

절규를 잊을 수 없었다. 훈이가 쑥스러운 듯 우물쭈물하며 말했다.

"내가 널 끝까지 지켜 줄게."

"정말?"

"응. 넌 내 동생이니까."

"고마워, 형."

"그리고 우리 같이 버킷리스트 적어 볼까?"

"버킷리스트?"

"응. 죽기 전에 해 보고 싶은 일 적는 거."

"오, 그거 좋다. 난 진짜 하고 싶은 일이 많거든."

"그럼 생각해 보고 여기 적어."

훈이가 홀로그램 메모장을 내밀었다. 훈동이는 곰곰 생각하다 버킷리스트를 작성했다.

❈ 훈동이 버킷리스트 ❈

1. 연기 오디션 보러 가기
2. 가족과 함께 해외 여행하기
3. 미소에게 고백하기

4. 초등학교에서 반장해 보기
5. 최애 연기자 도도맨 만나 보기

"미안하지만 미소에게 고백하는 건 실패하겠는데?"
"왜?"
"내가 먼저 고백할 거니까."
"형이 먼저 고백해도 상관없어. 나도 무조건 내 마음을 전달할 거야. 사귀지 못해도 상관없어. 내 마음을 표현하는 게 중요하니까."
"듣고 보니 그러네. 근데 연기 오디션은 언제 보려고?"
"최대한 빨리?"
"나도 같이 가서 봐도 되냐?"
"당연하지."
그때, 멀리서 아빠, 엄마가 훈이와 훈동이를 불렀다.
"빨리 와서 밥 먹어라."
"네."
훈이가 훈동이 손을 잡고 뛰어가며 말했다.
"네 버킷리스트 내가 도와줄게."

"진짜?"

"당연하지. 넌 내 동생이잖아."

해변을 달리는 훈이와 훈동이 발바닥에 작은 모래 알갱이가 붙었다 떨어졌다. 햇살에 비친 모래알이 환하게 반짝거렸다.

작가의 말
나였으면 어떻게 했을까?

　나와 똑같이 생긴 복제인간이 집에 배달되어 온다면, 어떤 기분이 들까요?
　과연 우리는 복제인간과 친구처럼 잘 지낼 수 있을까요? 아니면 차가운 물건처럼 아무 감정 없이 그들을 대할까요? 아니면 나랑 똑같이 생긴 복제인간이 왠지 오싹하고 섬뜩하게 느껴져 피할까요? 아니면 괜히 마음에 안 들어 트집을 잡다가 싸울까요?
　우리 친구들이 《스위치 프로젝트》를 읽고 복제인간에 대한 생각을 넓힐 기회가 되었으면 좋겠어요. '나였으면 어떻게 했을까?'란 질문을 하면서 책을 읽으며 마음과 생각이 깊어지고 짙어졌으면 좋겠습니다.

똑똑.

어느 날, 문이 열리고 나와 똑같이 생긴 아이와 마주친다면?

나는 그 아이에게 제일 먼저 뭐라고 말할 것 같나요?

《스위치 프로젝트》를 읽고 서로 무슨 말을 할지 친구들과 함께 이야기 나누어 보아요! 그리고 언젠가 어린이 독자 여러분과 직접 만날 기회가 있기를 바라요!

그때까지 건강히 잘 있어요.^ ^

*이 도서는 2025 경기도 우수출판물 제작지원 사업 선정작입니다.

쑥쑥문고 90
스위치 프로젝트

2025년 10월 20일 처음 펴냄

지은이 주미 | 그린이 김이조
펴낸이 신명철 | 영업 박철환
펴낸곳 (주)우리교육 | 등록 제 2024-000103호
주소 10403 경기도 고양시 일산동구 정발산로 24
전화 02-3142-6770 | 팩스 02-6488-9615 | 블로그 https://blog.naver.com/uriedu3142
제조국명 대한민국 | 사용연령 10세 이상
주의사항 종이에 베이거나 긁히지 않도록 조심하세요. 책 모서리가 날카로우니 던지거나 떨어뜨리지 마세요.

ⓒ 주미·김이조, 2025
ISBN 979-11-92665-92-4 73810

*이 책의 내용을 쓰고자 할 때는 저작권자와 출판사의 허락을 받아야 합니다.
*잘못된 책은 바꾸어 드립니다.
*책값은 뒤표지에 있습니다.